OBSERVATIONS

RELATIVES

AU DESPOTISME MILITAIRE

EXERCÉ, EN FRANCE,

PENDANT LA TROP LONGUE DOMINATION

DE

NAPOLÉON BUONAPARTE,

Pour réfuter les assertions erronées qu'a émises M. le Lieutenant-Général Comte FOY, dans la Séance de la Chambre des Députés, le 25 mai 1821.

———————

PARIS,

PONTHIEU,
CHAUMEROT, } Libraires, au Palais-Royal.

1821.

OBSERVATIONS

RELATIVES

Au despotisme militaire exercé, en France, pendant la trop longue domination de Napoléon Buonaparte, pour réfuter les assertions erronées qu'a émises M. le Lieutenant-Général Comte Foy, dans la Séance de la Chambre des Députés, le 25 mai 1821.

Paris, le 16 juin 1821.

A Messieurs les Membres de la Commission des Pétitions de la Chambre des Députés.

MESSIEURS,

Ayant lu, dans les journaux du 26 mai, le discours prononcé par monsieur le lieutenant-général, comte Foy, dans votre séance du 25 mai, relativement au projet de loi concernant le domaine extraordinaire, j'ai l'honneur de vous adresser, à ce sujet, quelques observations qu'il serait, je pense, utile de rendre publiques, pour détruire l'impression qu'ont pu produire les assertions erronées de cet officier général.

Le talent avec lequel monsieur le lieutenant-général, comte Foy, défend et soutient, dans toutes les occasions, la gloire militaire acquise par l'armée française, est sans doute digne de celui qui n'y a pas peu participé.

L'armée française, depuis le commencement de la guerre de la révolution, a constamment donné des preuves éclatantes de bravoure, de désintéressement et d'amour de la patrie, tant qu'elle a été animée par ce noble enthousiasme qui l'avait dirigée contre les ennemis des nouvelles institutions de la France; mais depuis qu'un chef ambitieux s'était emparé du pouvoir, il avait tellement dénaturé le caractère des militaires qui lui avaient servi de marche-pied pour monter à la souveraine puissance, qu'à l'amour de la patrie et de la liberté, avaient succédé l'amour des richesses, l'amour des titres, l'amour des décorations, l'amour des dotations et l'amour des femmes riches que leur procurait leur tout puissant empereur.

L'armée, jusqu'à l'époque des victoires d'Italie, avait conservé précieusement les sentimens de loyauté et de désintéressement qui la caractérisaient éminemment; mais 'ambitieux Buonaparte ne contribua pas peu à la corrompre et à la démoraliser, en tolérant les concussions les plus blâmables, commises, même par ceux qui l'approchaient de plus près, afin de se faire des créatures.

Non-seulement ce chef ambitieux ordonna à l'armée d'Italie de signer des adresses, pour provoquer la journée du 18 fructidor, en les faisant remettre à tous les chefs de corps avec des caricatures représentant les députés poursuivis par des grenadiers, la bayonnette dans les reins ; mais encore il envoya au Directoire, qu'il ambitionnait de remplacer, ces adresses par le général Augereau, pour qu'il pût exécuter cette journée.

Après la conclusion de la paix à Campo-Formio, Buonaparte nommé commandant de l'armée d'Angleterre, osa, pendant son séjour à Paris, méditer le projet d'envahir l'autorité, en expulsant le Directoire, qui s'en débarrassa en lui sacrifiant une armée et une flotte pour aller exécuter ses projets de domination en Egypte.

Buonaparte, après avoir vu échouer ses projets devant la bicoque de Saint-Jean d'Acre, abandonna l'armée d'Égypte, emmenant avec lui ses compagnons les plus dévoués, et revint en France pour exécuter les desseins qu'il avait depuis long-temps médités ; l'inertie du Directoire qui le laissa arriver à Paris, où il pouvait plus aisément conspirer en s'entourant des mécontens, et en flattant l'ambition et la cupidité de ceux qu'il voulait corrompre, ne fit qu'augmenter son audace. La journée du 18 brumaire fut son ouvrage ; ne rougissant pas de dénoncer et d'expulser le directeur Barras son bienfaiteur, il sut gagner et le général Le Fevbre qui commandait à Paris, et le colonel Jubé qui commandait la garde du Directoire, et s'emparer même de M. Gohier, président du Directoire, en le faisant inviter à déjeûner par madame Buonaparte sa femme, qui était aussi ambitieuse que lui (1). En effet, M. Gohier, président du Directoire, fut instruit, le 18 brumaire au matin, par sa marchande de lait, que la garde du Directoire avait pris les armes; il fit demander le motif de ce mouvement à M. le colonel Jubé, qui fit répondre qu'il allait faire faire l'exercice. Il est très-vrai que l'armée était entièrement étrangère à cette révolution militaire, exécutée par un chef ambitieux et par ses partisans, et qu'elle manifesta même généralement son mécontentement. J'étais à cette époque à l'armée de Suisse avec M. le lieutenant-général, comte Foy ; et je puis affirmer que le seul officier général, qui se montra partisan de cette révolution, fut M. le lieutenant-général Soult, qui avait été influencé par les lettres qu'il avait reçues de M. le lieutenant-général Le Fevbre qui commandait à Paris. C'est sur le type de cette révolution militaire qu'ont été conçues les révolutions militaires modernes, qui ne sont que les filles de celle du 18 brumaire. Au reste, les ennemis de la révolution avaient constamment excité tous les généraux en chef des armées françaises à s'emparer de l'autorité, dans l'espoir, sans doute, qu'ils la rendraient à la dynastie légitime : mais l'ambitieux Buonaparte aima mieux la garder pour lui. On ne peut pas révoquer en doute que, sous le gouvernement de Napoléon Buonaparte, un despotisme militaire insupportable n'ait été exercé en France. J'ai vu passer, en 1812, dans le dépar-

---

(1) Madame Joséphine Buonaparte, née Tacher-la-Pagerie, était originaire de la Martinique, où une diseuse de bonne aventure lui avait prédit qu'elle serait reine de France. Cette prédiction avait tellement frappé son imagination, que pendant le cours de la révolution, elle fit constamment la cour à tous ceux qui pouvaient s'emparer de l'autorité.

tement du Gers où j'habitais, une colonne mobile, com-
posée de cuirassiers de la Garde impériale, sous les ordres d'un
chef d'escadron, qui la dirigea sur les départemens des hautes
et basses Pyrénées. On ne peut non plus révoquer en doute
que, sous ce gouvernement, l'autorité administrative et
l'autorité judiciaire n'aient été non-seulement subordonnées,
mais même comprimées par l'autorité militaire ; je vais en
administrer les preuves les moins équivoques :

En l'an 1803, la liberté de la presse foulée aux pieds
par les ordres de Buonaparte, qui n'avait encore que le
titre modeste de premier consul, excita, à la tribune du Tribunat, les vives réclamations de M. de Benjamin de Constant ;
le premier consul ayant été instruit de ses doléances, ne
put contenir ses emportemens à ce sujet : « Eh, quoi! »
s'écria-t-il, étant à table, ayant M. Le Couteux de Cante-
leu père à côté de lui, « est-ce que ces gens-là me pren-
« nent pour un Bourbon ? Qu'ils sachent qu'avec une com-
« pagnie de grenadiers, je les ferai tous précipiter dans la
« Seine! » En effet, le Tribunat fut dissous, et on fit intimer,
à M. Benjamin de Constant et à madame de Staël, l'ordre
de s'éloigner de Paris, et de ne plus en approcher à dix
lieues. Je fus moi-même accusé d'avoir tenu des propos
contre le premier consul, et M. Régnier, grand-juge, me
fit arrêter et conduire à la préfecture de police, où on m'in-
tima l'ordre verbal de partir de Paris, et de m'en tenir
éloigné à dix lieues : M. Suchet, alors lieutenant-général,
ne fut pas étranger à cet acte exercé envers moi.

L'empereur étant passé à Saint-Jean de Maurienne, département du Mont-Blanc, où j'avais été placé sous la sur-
veillance des autorités locales, je fus admis près de lui le

29 décembre 1807. Ce despote, après m'avoir reproché, avec emportement et injures, d'avoir adressé au Corps Législatif une circulaire imprimée, par laquelle je demandais que M. le comte Dejean, un de ses ministres, qui m'avait fait arrêter et enfermer dans la prison d'Etat de Fénestrelles, pendant quatre mois en contravention des lois, sans m'accuser d'aucun délit, fût traduit devant la haute Cour impériale, conformément aux lois, ordonna verbalement que je fusse arrêté dans son appartement et tranféré dans la prison d'Etat de Briançon. Envain, j'adressai mes doléances à la commission sénatoriale de la liberté individuelle ; M. le sénateur Lemercier qui la présidait, ne rougit pas de me répondre que je devais implorer la clémence de l'empereur. N'ayant donc rien à espérer des sénateurs qui composaient cette commission, après seize mois de détention, j'adressai mes plaintes au directeur du jury du tribunal de Briançon, qui, conformément aux articles 583 et 584 du Code des délits et des peines, devait me mettre en jugement ou en liberté, sous peine de se voir poursuivi comme complice de ma détention ; mais ce magistrat intimidé par le despotisme militaire et impérial, m'observa que, si Buonaparte avait violé les lois en me faisant enfermer dans cette forteresse qui était une prison d'Etat, il n'y avait pas de raison pour qu'il ne le mît à ma place s'il ordonnait ma mise en liberté. Il est donc bien évident que l'autorité judiciaire était comprimée ; néanmoins, je poursuivis monsieur le directeur du jury de Briançon devant la Cour impériale d'appel, séante à Grenoble ; mais cette Cour avant d'admettre ou de rejeter ma requête, arrêta que son premier président écrirait au ministre de la police pour connaître les motifs de ma détention ; et immé-

diatement le ministre de la police fit parvenir à monsieur le premier président une réponse par laquelle il lui marqua qu'il donnait les ordres pour que je fusse mis en liberté. En effet, les portes de la prison me furent ouvertes, et j'habitais encore la ville de Briançon, lorsque M. Défermont, préfet du département des hautes Alpes, vint y faire sa tournée. Je me revêtis de l'uniforme de mon grade pour aller visiter M. Défermont, et j'assistais à un bal qui fut donné à l'occasion de sa visite, lorsque M. Bragard, colonel commandant de la forteresse et du département, jaloux de me voir en uniforme faire la conversation avec M. Farnand, secrétaire général de la préfecture, me fit sortir de la salle du bal, et m'ordonna de me rendre aux arrêts, prétextant que je l'avais regardé de travers, (c'était le reproche du loup à l'agneau, dans la fable de La Fontaine.) Peu satisfait de cet abus de pouvoir militaire, il rendit les arrêts forcés en mettant une sentinelle à ma porte avec défense de me laisser communiquer avec personne. J'adressai à ce sujet mes plaintes aux autorités militaire, administrative, judiciaire et ministérielle : mais je ne pus obtenir d'autre satisfaction qu'un ordre de départ de Briançon. A peine fus–je en route à deux cents pas de la ville, que je fus arrêté par trois gendarmes qui me notifièrent qu'ils avaient reçu un ordre verbal de M. le colonel Bragard de m'arrêter, et de me conduire dans la prison d'Etat au fort des Têtes, sans passer dans la ville de Briançon ; en effet, je me dirigeai sur ce fort par le village de Sainte-Catherine, où heureusement je rencontrai M. Bonnot, député au Corps Législatif, dont j'implorai l'assistance. Ce magistrat courageux répondit de ma personne aux gendarmes, en les engageant à me déposer dans sa maison, afin de me procurer le moyen d'adresser mes plaintes aux autorités administratives et judiciaires de la ville de Briançon, à raison de ce nouvel abus de pouvoir militaire. Après avoir attendu pendant quelques heures le résultat de mes plaintes, je fus mis en liberté avec la faculté de continuer ma route sur la ville de Gap. (1) Après mon arrivée dans cette ville, je fus visiter M. Défermont, préfet qui gémit avec moi de l'abus du pouvoir militaire dont j'avais été victime. Je partis de Gap pour me rendre à Grenoble, où je fus visiter M. le général Constantini, commandant dans cette ville et dans le département. Ce général né en Corse, me demanda si je me proposais de séjourner long-temps à Grenoble, je lui répondis qu'ayant perdu, pendant ma captivité, un procès très-conséquent devant le tribunal d'Auch et devant la Cour d'appel séante à Agen, à raison d'une somme de 20,000 fr. qui m'était due, avec les intérêts depuis vingt ans, par un acquéreur de deux immeubles, qui m'avait payé 55,000 fr. en assignats de nulle valeur, je m'étais pourvu à la Cour de cassation contre l'arrêt de la Cour d'Agen, devant laquelle je n'avais pu défendre mes intérêts à cause de ma détention, et qu'ayant écrit au ministre de la police pour solliciter l'autorisation de me rendre à Paris, je me proposais d'attendre sa réponse à Grenoble. « Je sais, » me dit ce général, « que vous avez été victime de « l'autorité, que vous croirez soulager votre cœur en en

---

(1) Je dois ici manifester les témoignages de ma vive reconnaissance à l'égard de M. Bérard, directeur du jury, Chaix aîné, juge du tribunal de Briançon et Chaix cadet, sous-préfet de cet arrondissement, qui, dans toutes les occasions, me protégèrent courageusement contre mes oppresseurs.

« parlant à toutes les personnes que vous rencontrerez dans
« la société, et qu'ainsi vous feriez des ennemis à l'empereur;
« et comme il est de mon devoir de vous empêcher de faire
« des ennemis à S M, je ne puis souffrir que vous sé-
« journiez dans cette ville. » Mais, monsieur le général,
lui répondis-je, si dans toutes les villes où je m'arrêterai,
on me tenait le même langage, il faudrait que je fisse cons-
truire un balon pour habiter dans les airs ! « Monsieur, »
me répliqua cé général, « je n'ai pas autre chose à vous
« dire. » Cette conduite, je le demande, pouvait-elle être
appelée despotisme militaire? Néanmoins, croyant pouvoir
résister à ce despotisme, et pensant que l'autorité administrative pourrait me protéger, je fus voir monsieur Girard,
conseiller de préfecture, qui remplaçait le préfet absent.
Cet administrateur en m'exposant qu'il ne pourrait me protéger que faiblement contre l'autorité militaire qui anéantis-
sait toutes les autres autorités, me promit d'écrire au ministre de la police en ma faveur; mais quelques jours après,
il reçut une réponse, par suite de laquelle il devait me signifier de me rendre à Agen, département de Lot-et-Ga-
ronne, (où j'avais demandé à aller avant le jugement de
mon procès), sous peine d'y être conduit par la gendarmerie. Cette lettre qui avait été sollicitée par M. le général
Constantini, me fut notifiée, et je répondis que je parti-
rais pour Agen : M. Girard, conseiller de préfecture, m'observa cependant que, si je voulais servir l'empereur, S. M.
serait disposée à m'accorder du service dans ses armées; je
lui répondis que j'avais des blessures qui m'empêchaient de
servir, et qui m'avaient forcé de solliciter ma retraite, et je
pris congé de cet administrateur qui eut la bonté de me ma-

nifester ses regrets, en ajoutant que je ne devais attri-
buer cette nouvelle disgrâce qu'à l'autorité militaire. A
peine fus-je éloigné à cent pas de l'hôtel de la préfecture,
que monsieur Morestin, commissaire de police, m'atteignit,
et m'avertit que, si je partais pour Agen, je serais arrêté
en chemin, vu que les ordres avaient été envoyés à toutes
les autorités sur la route que j'allais parcourir, pour m'arrêter et me conduire à Agen. Néanmoins, je me mis en route
pendant la nuit subséquente, et je m'arrêtai au village de
Vorrep à trois lieues de Grenoble, chez un propriétaire à
qui j'avais été recommandé. Le lendemain, je fis constater
par un médecin, que la fièvre intermittente et la dissenterie
me mettaient hors d'état de continuer ma route ; mais le
lendemain un gendarme vint, par ordre de l'autorité militaire, signifier à mon hôte de m'expulser de sa maison, en
sorte que je fusse obligé de continuer ma route sur la ville
d'Agen. Je me mis encore en route pendant la nuit, et je
me dirigeai sur la vallée qui est dominée par la Chartreuse ;
mais quelques jours après, le maire du village m'ayant fait
demander mon passe-port, je revins à Grenoble où je louai
une chambre sous un autre nom que le mien.

Le 27 juin 1810, à trois heures du matin, six gendarmes
et deux commissaires de police vinrent m'arrêter pour être
transféré à Agen. Je fus conduit en prison sans y être écroué.
J'adressai mes plaintes aux autorités judiciaires séantes à Grenoble ; mais intimidées par l'autorité militaire, elles n'osèrent
point y faire droit. Le 28 juin, je fus mis en route, enchaîné
par le cou sur une charrette, et transféré de prison en prison.
Dans toutes les villes où je couchais, j'adressais mes plaintes
aux autorités administratives et judiciaires, qui ne man-

quaient pas de se rendre près de moi, de gémir sur mon sort, en ajoutant qu'elles ne pouvaient exécuter en ma faveur les lois que j'invoquais, à moins que je ne leur donnasse des canons pour résister à l'autorité militaire qui les en empêchait. M. le président du tribunal de l'arrondissement de Romans eut même la bonté de m'envoyer un excellent dîné. Un magistrat me raconta qu'il avait vu arrêter, par des gendarmes, des accusés acquittés par les Cour d'Assises, et qui avaient, en conséquence des arrêts d'acquittement, été mis en liberté, sans que l'autorité judiciaire eût pu empêcher la violation des lois à cet égard; en sorte que ces malheureux, qui avaient été acquittés contre le gré de l'autorité, avaient été transférés dans des prisons d'Etat. Pendant ma translation, M. Savary, duc de Rovigo, à qui j'avais adressé mes réclamations pour demander de me rendre à Auch, où je suis né, fit parvenir ce changement de destination à M. Marie des Corches, préfet du département de la Drôme, en employant les expressions les plus acerbes à mon égard; mais ayant été atteint, en route, de la fièvre des prisons, vu que j'étais obligé de voyager sur une charrette, avec la grande chaleur, confondu avec des conscrits réfractaires et des condamnés à la détention, dans des prisons humides et malsaines, tant à cause de l'air méphitique que de la paille imprégnée de miasmes putrides, je fus obligé d'entrer à l'hôpital de Nîmes, d'où je fus extrait par quatre infirmiers espagnols; par ordre de M. Servier, capitaine, qui prenait le titre de commandant dans le département du Gard, quoique le médecin de l'hôpital eût attesté, par écrit, que la fièvre dont j'étais atteint me mettait hors d'état de voyager. Je fus contraint de voyager, sur une charrette, avec un homme de très-grande taille, qui, jouant le rôle de fou, commettait envers moi des violences contre lesquelles j'étais obligé d'implorer le secours des gendarmes d'escorte, en sorte que je dus croire qu'on l'avait excité à dessein à commettre ces violences envers moi pour me procurer la mort en route. J'arrivai à Montpellier très-malade; j'y fus enfermé dans la citadelle. J'y reçus les visites d'un médecin, qui m'envoya une potion que je jetai dans les commodités, de crainte qu'elle ne fût empoisonnée. Le médecin me dit qu'il avait demandé inutilement mon entrée à l'hôpital à M. le général Ciscé, commandant la 9ᵉ division militaire, qui même défendit que je pusse voir M. le comte de Lanoue, sous-inspecteur aux revues, mon parent, qui eut la bonté de m'envoyer du bouillon et de l'argent. Quoique je fusse très-malade, deux gendarmes me signifièrent, le 15 juillet au matin, qu'il fallait que je partisse mort ou vif pour aller à Mèse; il est à présumer que j'eusse expiré en route, si un gendarme, de la brigade qui est entre Montpellier et Mèse, n'eût eu l'attention de me faire reposer dans sa chambre où il me pressa d'accepter un bouillon qui ranima mes forces presque éteintes. J'ai oublié le nom de ce gendarme qui se conduisit envers moi avec tant d'humanité, mais je me rappelle qu'il avait les cheveux rouges, et qu'il avait servi dans le 21ᵉ régiment des chasseurs à cheval : puissé-je être à même de lui témoigner ma reconnaissance, ainsi qu'aux gendarmes Mousseron, de la brigade de Capendu, avant d'arriver à Carcassonne, Bouve, de la brigade de Villefranche, après celle de Castelnaudary et Troye, de la brigade de Toulouse.

Croirait-on que ce gouvernement impérial, qui excite tant de regrets, me fit voyager d'une manière aussi désagréable, en contravention des lois, sans pourvoir à ma subsistance? que le gendarme Lamariouse, de la brigade de Gênes, ait exigé de moi la somme de 168 f. pour me transférer de Gênes à Turin, en me menaçant de me conduire à pied, enchaîné, si je ne lui payais cette somme; que M. Eyrich, capitaine de gendarmerie, à Auch, qui avait reçu la somme de 240 f. pour me la faire parvenir à Carcassonne, se contenta d'écrire à M. Besançon, quartier-maître de gendarmerie à Carcassonne, pour le prier de me compter cette somme à mon passage dans cette ville : que ce quartier-maître refusa de me compter cette somme; que M. Trouvé, préfet du département de l'Aude, et M. le sous-préfet de Castelnaudary, auxquels j'écrivis pour les prier de me prêter quelqu'argent, refusèrent de me prêter la moindre somme, et qu'heureusement pour moi, M. Méige, avocat à Castelnaudary, que je ne connaissais point, eut la bonté de me prêter l'argent nécessaire pour continuer mon voyage. Croirait-on que j'ai été plusieurs fois rançonné par les gendarmes qui me transféraient, sous prétexte qu'ils n'exerceraient pas envers moi toutes les rigueurs qu'il dépendait d'eux de m'infliger !

Je pense en avoir assez dit pour prouver que, pendant le Gouvernement impérial, la France gémissait sous le joug de l'autorité militaire, et que dans les conflits entre les autorités administrative, judiciaire et militaire, il n'est nullement vrai que le chef du Gouve.:ement prît à tâche de donner toujours raison aux autorités civiles. J'ajouterai encore à l'appui de mon assertion que, depuis le retour du monar-

que légitime, ayant eu occasion de voir messieurs les sénateurs qui étaient membres de la commission de la liberté
individuelle, et que, leur ayant fait des reproches de ce que
conformément au sénatus-consulte qui avait institué leur
commission et qui leur avait prescrit, que, si, un mois après
avoir reçu la plainte de la personne privée de sa liberté, elle
n'avait pas été mise en liberté ou en jugement, ils devaient
convoquer le sénat pour qu'il eût à déclarer qu'il était pré-
sumable que le plaignant était détenu arbitrairement ; ils me
répondirent ingénuement qu'ils n'avaient jamais osé procé-
der à cette mesure parce qu'ils étaient terrifiés par les militaires qui entouraient l'empereur.

Ayant adressé, le 23 avril 1817, au Roi en son conseil
d'état, une requête à l'effet d'obtenir l'autorisation de
poursuivre devant les tribunaux les agens du Gouvernement impérial, à raison des actes arbitraires exercés envers
moi en contravention des lois ; par suite d'un arrêté du
conseil d'état en date du 16 juin 1817, j'ai été débouté de
ma demande, sous le spécieux prétexte que sous le gouvernement de Buonaparte, la volonté du despote avait toujours été mise à la place de la Constitution, et qu'il n'avait
pas été au pouvoir de ses agens de la faire exécuter à cause
du despotisme militaire qui les effrayait : en effet, ces fonc-
tionnaires appréhendaient que la perte de leurs emplois fût
la suite de leur résistance à la volonté du despote.

Je dois ajouter qu'après ma sortie de la prison d'état de Fenestrelle, où j'avais été détenu pendant quatre mois, je m'é-
tais rendu à Gênes où j'avais adressé une plainte à M. Chalaye,
procureur-général impérial, contre les provocateurs de mon
arrestation et de ma détention ; que ce magistrat, qui m'a-
vait témoigné beaucoup d'intérêt, m'avait délivré un sauf-
conduit qui me mettait sous la sauve-garde des lois protec-

trices de la liberté individuelle, et qu'il fut vivement réprimandé par M. le lieutenant-général Montchoisy, commandant la division à Gênes, qui avait reçu un nouvel ordre pour me faire arrêter, afin d'étouffer mes plaintes juridiques ; qu'effectivement, je fus arrêté de nouveau à Gênes par suite de cet ordre, au mépris du sauf-conduit dont je m'étais muni, et que je fus transféré successivement dans la prison d'état de Fenestrelle et à St.-Jean-de-Maurienne ; que néanmoins je nommai M. Morlot, avocat, mon procureur fondé pour donner suite à ma plainte devant les tribunaux de la ville de Gênes, mais que l'autorité militaire s'opposa constamment à la poursuite juridique que mon mandataire tenta inutilement d'effectuer.

Je pense avoir assez prouvé l'existence du despotisme militaire qui a été exercé en France pendant la domination de Napoléon Buonaparte, et par conséquent avoir réfuté les assertions de monsieur le lieutenant-général comte Foy, qui tendaient à excuser ou à pallier les égaremens du gouvernement impérial et de son chef (1).

J'ai l'honneur d'être avec respect,

Messieurs,

Votre très-humble et très-obéissant serviteur,

J.-J. DE COUSSO, *colonel d'état-major.*

---

(1) Voilà une faible esquisse de la tyrannie exercée par ce grand homme, en l'honneur duquel tant d'adulateurs ont brûlé leur encens, non-seulement pendant sa vie, mais encore après sa mort. Ils ont vanté sa gloire acquise par les conquêtes ; que nous en est-il resté après sa chute ? pas même nos limites naturelles ! pas même nos forteresses !

DE L'IMPRIMERIE D'A. EGRON,

rue des Noyers, n. 37.